Meinolf Wacker

bunt und stürmisch

Mein Glaube

LOGBUCH 2

Ein Leben,
das man
nicht besitzen will,
ein Leben,
das man hingibt,
damit die Welt
vor und nach
unserem Leben
nicht mehr
die gleiche sei,
ein solches Leben
wirkt Wunder.

Madeleine Delbrêl

Inhaltsverzeichnis

Ein Wort zuvor

Wir sitzen vor einer Eisdiele. Ein Gespräch entwickelt sich. Er beginnt zu erzählen. Ganz schön bunt und stürmisch zugleich – sein Leben. Ständig kommt Neues hinzu – Geschenke und Herausforderungen, Frohmachendes und Belastendes – in seiner Familie, im Freundeskreis, in der Schule und auch im Blick auf seinen eigenen Weg. „Aber irgendwie gibt es da in meinem Leben ein ‚Mehr' – trotz aller Zweifel, ob es Gott gibt!", vertraut er mir mit seinen 17 Jahren an. „Obwohl alles im Fluss ist, hab' ich den Eindruck, einen inneren Halt gefunden zu haben." Während er das erzählt, strahlt er. „Ich glaube, da ist jemand, der viel größer ist als ich, und der meint es gut mit mir!"

Es gibt in jedem Fluss Orte für Brückenpfeiler. Auch im Fluss des Lebens. Auch in deinem Leben: Du musst nur aufbrechen und oft lange und intensiv nach einem festen Stand suchen.

Uralte Weggefährten solchen Aufbrechens, Suchens und Findens sind die „Könige aus dem Morgenland", wie wir sie nennen. Die Bibel erzählt, dass sie dem Stern ihrer Sehnsucht folgten und aufbrachen – durch die Stürme des Lebens hindurch. Sie haben sich auf weite Wege gemacht. Sie blieben sich treu und fanden ein ganz gewöhnliches Kind in einer Futterkrippe in Bethlehem. Sie sahen, sie ließen sich anrühren, sie fielen auf die Knie und waren tief bewegt. Sie hatten gefunden.

Das **erste Kapitel** dieses Logbuches lädt auch dich ein, wie die Könige auf die Suche zu gehen, Entdecker*in zu werden und deinem Stern zu folgen. Die Könige sind in der Begegnung mit einem Neugeborenen dem großen Geheimnis ihres eigenen Lebens auf die Spur gekommen. Das hat sie bereichert und neue Wege gehen lassen.

Im **zweiten Kapitel** des Logbuches geht es um eine weitere Entdeckungsreise, dieses Mal mit den ersten Freund*innen Jesu. Ihr Leben war genauso stürmisch wie das unsrige. Auch bei ihnen lief nicht alles glatt. Oft hatten sie Angst, zu scheitern und unterzugehen. Aber „mit Jesus im Boot" bezwangen sie die Stürme ihres Lebens. In diesem Kapitel findest du fünf Tools: eine Einladung, dich mit anderen auf den Weg zu machen wie die Gefährt*innen Jesu und gemeinsam ihrer Erfahrung auf die Spur zu kommen.

Im **dritten Kapitel** geht es ganz konkret um dein Leben – in all seinen Aspekten. So viele Facetten hat das Leben! In diesem Logbuch nehmen wir ein Bild aus der Natur dafür: die Farben des Regenbogens. Wie sich das weiße Licht der Sonne im Zusammenspiel von Licht und Wasser in sieben Spektralfarben auffächert, so gewinnt das Leben mit Jesus buchstäblich Farbe – in all seinen Bereichen!

In einem fiktiven Brief gibt Maria Magdalena, die erste Zeugin der Auferstehung Jesu, im **vierten Kapitel** ihre Erfahrung an dich weiter: Die Liebe verändert alles!

Im **letzten Kapitel** findest du praktische Hilfen für ein bewusstes Leben aus dem Geist Jesu, in der Verbindung mit ihm: ein Morgen- und Abendgebet und ein paar Ideen für deinen Tagesablauf.

Möge dir der Weg mit diesem Logbuch helfen, mit deinen Fragen, Zweifeln, Ängsten und Hoffnungen dem Stern deiner Sehnsucht zu folgen.

Und wenn du dich fragst: Wer ist dieser Gott? Gibt es ihn überhaupt?, dann bist du in bester Gefährt*innenschaft mit vielen, vielen anderen Menschen! Nicht nur von heute. Wir haben Gott nie in der Tasche. Als Mose Gott nach seinem Namen fragte, hörte er: „Sag den Israeliten, der ‚Ich-bin-da!' hat mich zu euch gesandt!" (Ex 3,14). Damit wird Mose radikal auf das Dasein im Augenblick, auf die pure Gegenwart verwiesen.

Und auch der zweifelnde Thomas (vgl. Joh 21) kann ein treuer Weggefährte sein. Jesus lädt ihn nach seinem Tod in einer Begegnung ein, den Finger in seine Wunde zu legen. Damit macht er auch uns Mut: Mut, Zweifel zuzulassen. Mut, dranzubleiben. Mut, Wunden (auch unsere eigenen!) anzuschauen, sie zu berühren, vielleicht sogar sie anderen behutsam zu zeigen. So kann ein tieferes mitfühlendes Miteinander entstehen – und ein Ja zu uns selbst, so wie wir sind!

Du hast dein Leben, dieses eine, kostbare Leben – im Hier und Jetzt. Was du jetzt wählst, prägt dein weiteres Leben. Und nicht nur deines! Du, wir alle sind eingeladen, miteinander aufzubrechen, zu suchen, zu glauben, hinzufallen, aufzustehen, weiterzumachen – mit dem, der uns alle, jeden Menschen längst ins Herz geschlossen hat.

Wenn du versuchst, einfach da zu sein, ganz da zu sein, dich den Fragen und Zweifeln deines Lebens zu stellen, dich zu entscheiden, dich zu wagen, mag dir auf deinem Weg seine Gegenwart aufleuchten: Gott ist verborgen da, einfach da – auch für dich!

Meinolf Wacker

KAPITEL 1

Werde Entdecker*in!

Ein Herz voller Unruhe

Sie waren neugierig und dynamisch – voller Ideen.
Das Leben und die Welt lagen offen vor ihnen,
den Sterndeutern vor 2000 Jahren –
und den Sinnsuchenden von heute.

In den Nächten träumten sie sich in ferne Länder,
an neue Gestade des Lebens.

Auch wir träumen uns gerne … irgendwo hin.
Und zugleich ist alles so eng und klein im alltäglichen Einerlei.
In der Woche Arbeit und Stress und am Wochenende raus aus allem.
Chillen, abhängen, träumen, tanzen, feiern, chatten,
spielen, jemanden besuchen …

Wie geht es dir nach einem vollen Tag, wenn du abends auf einmal allein bist? Was fühlst du dann in deinem Herzen?

Was hilft dir, rauszukommen aus der Last des Alltags?

Ihr Herz war voller Sehnsucht.
Kein noch so prickelnder Kick konnte es befriedigen.

Es muss doch mehr im Leben geben!
Sie mussten raus, Aufbruch war angesagt.
Sie wollten finden, wofür es zu leben
und zu sterben lohnt.

Da leuchtete etwas in ihren Herzen
– wie ein Stern.

Wonach sehnst du dich?

Was hindert dich, Neues zu wagen?

Mutiger Aufbruch

Sie ließen los und gingen los (vgl. Mt 2,1).
Sie wagten sich – ins Leben.
Ihre Zweifel blieben;
sie waren Teil ihres Weges.
Aber das Licht des Sternes war stärker
als das Dunkel ihrer Zweifel.
Sie trauten dem Stern ihrer Sehnsucht.

Wenn du deine Zweifel deinem Mut zum Wagnis gegenüberstellst, wie groß ist dein Mut?

○ 50% ○ 60% ○ 70% ○ 80% ○ 90%

Welche Zweifel lassen dein Herz immer wieder zaudern?

Etwas Neues zu wagen, ist oft gar nicht so einfach. Es braucht Entscheidungskraft und Mut. Was hilft dir auf dem Weg dorthin?

- ○ Ich suche das Gespräch mit anderen.
- ○ Ich nehme mir Zeit, überlege und denke nach.
- ○ Ich werde still und spüre meinem Herzen nach.
- ○ Ich bete.
- ○ Ich schreibe Tagebuch.
- ○ Ich mache einen Spaziergang.

- ○ ...

Verwandelnde Begegnung

Und dann fanden sie
nach einem langen, oft mühsamen Weg
ein Kind wie tausend andere.
Es lockte sie aus sich heraus.
Sie schenkten und wurden beschenkt.
Ihre Sehnsucht hatte sie auf den Weg gebracht.
Sie fielen auf ihre Knie.
Sie spürten: Wir sind angekommen.

Manchmal spüren wir:
Es ist gut so, wie es ist.
Ein tiefer Friede erfüllt mein Herz,
gepaart mit einer echten Freude,
die mir geschenkt worden ist.
Danach habe ich mich gesehnt.
Ich bin berührt, ergriffen, irgendwie erfüllt …
Ich habe gefunden.

In solchen Augenblicken bist du
dem Geheimnis deines Lebens ganz nah.
Etwas, was vorher nicht war, ist da!
Oder ist dieses „Etwas“
vielleicht ein „Jemand“?

In welchen Augenblicken warst du schon mal zutiefst berührt?

Hast du schon mal davon erzählt? Deinem ‚best friend'?
Und hat dich vielleicht schon mal eine Ahnung erfüllt,
dass es da ein ganz persönliches DU, Gott, geben könnte?

Grenzgänger*in sein

Wir sind Grenzgänger*innen
zwischen Sichtbarem und Unsichtbarem,
zwischen Greifbarem und Unbegreifbarem.

Das Sichtbare ist eine Nummer zu klein für unser Herz.
Diese Welt kann den Hunger des Herzens nur begrenzt stillen.
Alles Sichtbare birgt die DNA des Unsichtbaren in sich.
Danach sehnt sich unser Herz.

Was empfindest du, wenn du in die Unendlichkeit des Sternenhimmels schaust?

Was erfüllt dein Herz, wenn du von einem Menschen, den du liebst, umarmt wirst?

Es gibt Menschen, die sich in Gott verankert fühlen. Kennst du solche Menschen? Mit wem würdest du gern mal reden, in Austausch treten?

Flash von Karl Rahner

„Siehe, die Weisen haben sich aufgemacht,
ihre Füße laufen nach Bethlehem,
ihr Herz pilgert zu Gott.
Sie suchen Ihn,
aber während sie Ihn suchen, führt er sie schon."

Flash von Edith Stein

Der Mensch ist dazu berufen,
in seinem Innersten zu leben
und sich selbst so in die Hand zu nehmen,
wie es nur von hier aus möglich ist;

nur von hier aus
ist die rechte Auseinandersetzung mit der Welt möglich;

nur von hier aus
kann er den Platz in der Welt finden,
der ihm zugedacht ist.

Gott,
dieses Wort geht mir nur zögernd über die Lippen.
Wenn ich ganz still werde, ganz da bin,
dann ahne ich: Ich bin nicht allein.
Ein Du ist da.
Du bist da.

Dir bringe ich das **Gold** meines Lebens,
denn ich sehne mich nach einer Liebe, die Du bist.

Dir bringe ich den **Weihrauch** meiner Sehnsucht,
denn ich ahne: Mit Dir wird mein Leben „aufsteigen".

Dir bringe ich **Myrrhe** – für die Wunden dieser Welt;
ich möchte meinen leidenden Nächsten beistehen,
auch weil ich glaube, dass Du selbst in ihnen um meine Liebe bittest.
Amen.

Jetzt mal ganz praktisch: „Quality time“

- Nimm dir jeden Tag zehn Minuten Zeit für Stille!
- Atme am Anfang drei Mal tief ein und tief aus, um anzukommen. Wenn du magst, schließ die Augen.
- Sei ganz da! Du bist nicht allein.
- Lass alles zu, was kommt, ohne dich an etwas festzubeißen.
- Mach dich leer, ohne die Angst, leer auszugehen.
- Sag am Ende „Danke!“ für diese Zeit.
- Atme erneut drei Mal tief ein und aus.
- Wenn du die Augen geschlossen hast, öffne sie jetzt wieder.

KAPITEL 2

Haltet Jesus im Boot!

Simon war ein junger Mann seiner Zeit, aufgewachsen in dem kleinen Fischerdorf Bethsaida am Ufer des Sees Genezareth. Von klein auf war er im Fischerei-Betrieb seines Vaters mit seinem Bruder Andreas unterwegs.

Das Leben als Fischer war eintönig und hart. Jeden Morgen hieß es früh raus – bei Wind und Wetter! Erfolg war nicht garantiert. Und nachmittags dann: Netze sauber machen und flicken. Gut, dass sie ein paar Freunde hatten, Philippus, Jakobus und Johannes gehörten dazu, zu ihrer Freundesclique am See. Sie waren aus hartem Holz geschnitzt. Zwei von ihnen hatten den Spitznamen „Donnersöhne" verpasst bekommen. Wohl nicht zu Unrecht! Religiös waren diese jungen Leute im Judentum ihrer Zeit zu Hause, besonders „fromm" waren sie aber wohl nicht, gepackt und bewegt hatte sie ihr Glaube nie. Sie hatten ihn halt übernommen.

Irgendwann kam Bewegung an den See. Ein junger Rabbi streifte durch die Gegend: Jesus von Nazareth. Er zog viele in Bann, auch die jungen Fischer. In der Freundschaft zu ihm fand so mancher einen Weg fürs Leben. Dieses Finden war ein langer Weg – eine Lebensschule über drei

Jahre. Am See Genezareth hatten sie gelernt, alle in einem Boot zu sitzen. Allein war die Arbeit auf dem See nicht zu schaffen.
Durch den jungen Rabbi lernten sie: Es kommt auf das Klima unter denen an, die in einem Boot sitzen. So, wie die Könige aus dem Morgenland vor langen Zeiten gemeinsam aufgebrochen und die Widrigkeiten des Lebens bestanden hatten, so lud dieser junge Rabbi Simon und seine Freunde ein, neu aufzubrechen. Sie gingen mit Jesus, hinter ihm her. Auch einige junge Frauen schlossen sich mit der Zeit an und waren mit ihnen, Maria Magdalena, Johanna, Susanna und viele andere. Jesus faszinierte sie: Wie er redete! Was er tat! Wie er für die Menschen da war!

So begann ihr Lebens-Abenteuer mit ihm. Täglich entdeckten sie Neues – in ihrem eigenen Herzen, in ihrem Miteinander, in ihrem Heimatland und später dann auch in anderen Ländern.

Irgendwann wurde klar: Jesus würde nicht mehr lange leben. Denen, die das Sagen hatten, auch in religiösen Dingen, wurde er zu unbequem. Sie würden ihn über die Klinge springen lassen. Sie wollten ihn beseitigen. Umso wichtiger war es Jesus, ihnen das Handwerkszeug zum Leben weiterzugeben. Das Leben mit ihm wurde für sie zur Schule. Er ließ sie *Tools* entdecken, die für ihr persönliches Leben und ihr Miteinander wichtig waren.

Eine besondere „Lehr-Stunde" war eine Erfahrung auf dem See Genezareth. Nach einer erfolglosen Nacht – sie hatten nichts gefangen – bat er sie, nochmals auf den See zu fahren und die Netze auszuwerfen. Und dann machten sie den Fang ihres Lebens.

Viele Jahre später saß Petrus, diesen Namen hatte ihm Jesus gegeben, im Gefängnis in Rom. Aufgrund seines Glaubens saß er ein. Er hatte viel Zeit, sein Leben nochmals anzuschauen. Da wurde ihm klar, was er in der „Stunde auf dem See" gelernt hatte. Er hatte getan, was Jesus ihm gesagt hatte. Er und seine Freunde hatten Jesus im Boot gehabt. Er hatte frei sagen können, was er im Herzen hatte, auch seine Zweifel. Er war durch die Freundschaft mit Jesus gewachsen und hatte gelernt, dem Leben zu trauen.

Diese *Tools* haben Petrus zum Leben verholfen. Mit ihrer Hilfe ist er in der Spur Jesu unterwegs geblieben. Hätte Petrus, der Sohn des Fischers vom See Genezareth in Galiläa am Ende der Welt, sich nicht darauf eingelassen, hätte er sich nicht gewagt – die Geschichte der Welt wäre anders verlaufen. Sein Leben und das Leben der ersten Freund*innen Jesu bleiben eine Einladung an uns, mit ihnen und

„Es geschah aber: Als die Volksmenge Jesus bedrängte und das Wort Gottes hören wollte, da stand er am See Genezareth und sah zwei Boote am Ufer liegen. Die Fischer waren aus ihnen ausgestiegen und wuschen ihre Netze. Jesus stieg in eines der Boote (Tool 2), *das dem Simon gehörte, und bat ihn* (Tool 1), *ein Stück weit vom Land wegzufahren. Dann setzte er sich und lehrte das Volk vom Boot aus. Als er seine Rede beendet hatte, sagte er zu Simon: Fahr hinaus, wo es tief ist, und werft eure Netze zum Fang aus! Simon antwortete ihm* (Tool 3)*: Meister, wir haben die ganze Nacht gearbeitet und nichts gefangen. Doch auf dein Wort hin werde ich die Netze auswerfen. Das taten sie und sie fingen eine große Menge Fische; ihre Netze aber drohten zu reißen. Und sie gaben ihren Gefährten im anderen Boot ein Zeichen, sie sollten kommen und ihnen helfen. Sie kamen und füllten beide Boote, sodass sie fast versanken. Als Simon Petrus das sah, fiel er Jesus zu Füßen* (Tool 4) *und sagte: Geh weg von mir; denn ich bin ein sündiger Mensch, Herr! Denn Schrecken hatte ihn und alle seine Begleiter ergriffen über den Fang der Fische, den sie gemacht hatten; ebenso auch Jakobus und Johannes, die Söhne des Zebedäus, die mit Simon zusammen-arbeiteten. Da sagte Jesus zu Simon: Fürchte dich nicht! Von jetzt an wirst du Menschen fangen. Und sie zogen die Boote an Land, verließen alles* (Tool 5) *und folgten ihm nach."*

Lk 5,1-12

See Genezareth

Fünf Tools zum Leben

Petrus tut, was Jesus ihm sagt.
Tool 1: Tu, was Jesus dir sagt!

Petrus und seine Freunde erfahren die Kraft eines Lebens „mit Jesus im Boot".
Tool 2: Lebt mit Jesus im Boot!

Petrus sagt, was er im Herzen hat.
Tool 3: Sage, was du im Herzen spürst!

Petrus und seine Freunde wachsen in ihrem Miteinander.
Tool 4: Werde der, der du bist! Werde die, die du bist!

Petrus und Maria Magdalena entdecken, wie ehrliche Liebe ins Leben hilft.
Tool 5: Trau dem Leben!

Tool 1

Tu, was Jesus dir sagt!

Petrus ist bei der Arbeit.
Er reinigt gerade seine Netze (Lk 5,2).
Ohne zu fragen, steigt Jesus in sein Boot.
Er bittet ihn, ein wenig vom Ufer wegzufahren.
Alles ein wenig strange!
Und trotzdem tut Petrus, was Jesus ihm sagt.
Und er erlebt ein echtes Wunder!
Die Worte Jesu verlieren nie ihre Kraft.
Er hat sie vor 2000 Jahren Petrus, Maria Magdalena und vielen anderen gesagt.
Wenn wir in der Bibel lesen, spricht er sie uns heute zu.

Jesus sehnt sich danach,
dich mit seinem Wort ansprechen.
Wenn du magst, probiere es aus.
Lies ein Stück des Evangeliums,
z. B. aus dem Lukas-Evangelium, Kapitel 7,1-10.
Werde still über dem, was du gelesen hast,
und achte auf dein Herz: Was sagt es dir?

Jesu Worte sind wie eine Tablette.
Einmal genommen, entfaltet sie ihre Wirkung.
Das Wort Jesu, gehört und ganz ins Herz gelassen,
beginnt zu motivieren, zu bewegen, zu verwandeln.
Neues Leben nimmt Gestalt an.

Gibt es ein Wort, das jemand dir mal gesagt hat, das für dich wichtig geworden ist?

Hat dich schon mal ein Wort der Bibel besonders angesprochen?
Gibt es Worte, an die du manchmal denkst? … die dich begleiten?

Videoimpuls
www.navi4life.de/tool1

Tool 2

Lebt mit „Jesus im Boot"!

Jesus hat Petrus gebeten, nach einer erfolglosen Nacht
nochmals raus auf den See zu fahren.
Dieses Mal ist Jesus mit im Boot.
Und dann die Erfahrung: Fische ohne Ende!
Die Jünger spüren: Jesus will nur ihr Bestes!
Er will bei ihnen sein. Immer.
Auch in ihrer Gemeinschaft.
Und sie entdecken: Wo echte Liebe ist, da ist Gott.
Da ist Jesus „mit im Boot"!
Nach Jesu Tod haben sie sich an seine Worte erinnert.
Eines erschien ihnen jetzt in einem besonderen Licht:

„Wo zwei oder drei in meinem Namen versammelt sind,
da bin ich mitten unter ihnen!" (Mt 18,20)

Tag für Tag lädt dich das Leben ein,
Menschen in deiner Nähe spüren zu lassen:
„Du bist mir wichtig! Ich helfe dir!
Du kannst auf mich bauen! Ich bin mit dir unterwegs!"
Diese konkret gelebte Liebe ist sehr kostbar, ja heilig.

In dieser Liebe ist derjenige da, von dem die Bibel sagt:
Er ist die Liebe! (vgl. 1 Joh 4,18)

Wir spüren das an der Geduld und dem tiefen Frieden,
die unser Herz – oft unerwartet – mit großer Freude erfüllen.

Wen hat dir das Leben an die Seite gestellt, um ihn/sie deine Liebe spüren zu lassen?

Videoimpuls
www.navi4life.de/tool2

Tool 3

Sag, was du in deinem Herzen spürst!

Petrus ist schon zu so manchem Fischfang ausgefahren.
Er weiß: Fische fängst du nur in den frühen Morgenstunden.
Als er von Jesus gebeten wird, mittags nochmals rauszufahren,
da regt sich Widerstand in seinem Herzen.
Und er hat den Mut, zu sagen, was er spürt (Lk 5,5).

Dein Herz hat seine eigene „Sprache".
Nimm die Regungen wahr,
die dich im Innersten bewegen.
Egal, was ist, alles darf sein.
Unruhe, Sorge, Beklemmung,
Furcht, Freude, Frieden …
Der Kontakt mit deinem Herzen hilft dir,
deinen Weg zu gehen und dir treu zu sein,
so wie du bist.

Oft ist es eine Hilfe, mit Menschen,
denen wir vertrauen, darüber zu sprechen.
Es ist wie bei einer Gitarre.
Den Klang der Saite hörst du viel besser,
wenn sie auf den Klangkörper gespannt ist.
Ein Gespräch kann wie ein Resonanzraum
für die leisen Botschaften deines Herzens sein.

Dein Herz ist der kostbarste Ort in dir.
Was spürst du gerade jetzt?

Was macht es schwer für dich, anderen zu sagen, was du in deinem Herzen spürst?

Videoimpuls
www.navi4life.de/tool3

Tool 4

Werde der, der du bist! – Werde die, die du bist!

Als Petrus den riesigen Fischfang erlebt,
fühlt er sich auf einmal ganz klein.
Er hatte Jesus zunächst nicht geglaubt.
Jetzt erlebt er, dass für Gott nichts unmöglich ist.
Und nur zu gut kennt er sein zauderndes und wankelmütiges Herz.
So sagt er zu Jesus: „Geh weg von mir, ich bin ein sündiger Mensch“ (Lk 5,8).

Aber Jesus möchte ihm zu echtem Leben verhelfen.
Er möchte ihn und seine Freund*innen den Weg
zu einem erfüllten Leben finden lassen, auch in ihrem Miteinander.
Leid und Hindernisse gehören auf jedem Lebenspfad dazu.
All das darf sein. Wir brauchen unsere Schwachpunkte nicht zu verdrängen,
vielmehr ist Barmherzigkeit mit uns selbst angesagt!

„Zu leben bedeutet, sich zu verändern,
und vollkommen zu sein bedeutet,
sich oft verändert zu haben.“ (John Henry Newman)

Du trägst das, was du brauchst, tief in dir!
Das Leben hilft dir, ganz du selbst zu werden
und dir und deinem Herzen ganz treu zu sein.
Bleib dran an deinem Leben!
Nur so wirst du glücklich sein
und auch schwierige Zeiten bestehen.

Jesus geht nicht weg! Nie.
Er bleibt bei seinen Freunden – auch nach seinem Tod.

Welche Erfahrungen haben dich in der letzten Zeit weitergebracht?

An welche Gespräche denkst du gern zurück?

An welcher ehrlichen Kritik bist du gewachsen?

Videoimpuls
www.navi4life.de/tool4

Tool 5

Trau dem Leben!

Die Erfahrung des reichen Fischfangs hat Petrus erschüttert.
Bisher hatte er sich auf sich selbst verlassen.
Damit war er einigermaßen gut gefahren.
Sein Lebensentwurf schien klar:
Er würde tagein, tagaus Fische fangen und so seine Familie ernähren.
Und dann kommt dieser Jesus.
Er weitet seinen Horizont – vom See Genezareth bis ins Unendliche.
Wo ihn das hinführen wird, das weiß Petrus nicht.
Aber sein Herz, eben noch deprimiert und traurig,
macht regelrechte Luftsprünge!

Ebenso ist es Maria Magdalena ergangen.
Ihr Leben hatte sie in die Stadt Tarichäa am See Genezareth geführt.
Vielfältigen Reizen folgend, lebte sie sorglos und oberflächlich,
von vielen gekannt und begehrt.
Zunächst ging sie in diesem Trugbild auf – später fast unter.
Und dann die Begegnung mit Jesus!
Sie entdeckt durch ihn eine Liebe,
die nichts anderes will, als ihr ins Leben zu helfen.
Auf diese Liebe setzt sie fortan in ihrem Leben.

Den eigenen Weg zu finden,
das ist die große Aufgabe deines Lebens.
Das Leben entfaltet deine Persönlichkeit von innen
durch einen ständigen Zuwachs an Freiheit –
einschließlich der Freiheit zu scheitern.
Fehler sind eine Chance, mehr du selbst zu werden –
und immer liebenswerter!

Welche Menschen tun dir gut, weil sie dein Bestes wollen?

Welche unerwarteten Lebenserfahrungen haben dich stärker gemacht?

Videoimpuls
www.navi4life.de/tool5

KAPITEL 3

Lebe bunt!

Auf den nachfolgenden Seiten findest du Tipps, dein Leben als Ganzes anzuschauen. Er orientiert sich am Zeichen des Regenbogens aus der alten biblischen Erzählung von der Arche Noah. Gott hatte alle Lebewesen in der Arche vor der großen Flut gerettet und ihnen gesagt: Ich schließe mit euch und allen Bewohnern der Erde einen Bund. Ich werde euch nie wieder von der Erde verdrängen. Wenn ich Wolken am Himmel aufziehen lasse und der Regenbogen darin erscheint, dann werde ich an meinen Bund denken, den ich mit euch Menschen und allen Tieren geschlossen habe (vgl. Gen 9,1-17). Gott wollte, dass die Menschen im Einklang mit der Schöpfung, mit ihren Mitmenschen und mit ihm, ihrem Gott, leben und glücklich werden. Da kommt das ganze Leben mit allem, was dazugehört, ins Spiel! Und wo Gott mit dabei ist, bekommt alles Farbe!

Eine junge Frau, die das erlebt hat, ist Chiara Lubich. Mitten in den schweren Zeiten des Zweiten Weltkriegs hatte sie mit ihren Freund*innen unter der Weite des Sternenhimmels entdeckt, dass sie unendlich geliebt sind. Ihr Leben sollte fortan eine Antwort auf diese Entdeckung sein.

In ihrem Alltag lebten sie ganz konkret einzelne Wortes des Evangeliums. In ungezählten kleinen Erfahrungen erlebten sie die lebendige Nähe Gottes. Aus diesem Lebensstil entwickelten sich kleine „Zellen“ lebendigen Lebens, in denen sich alle mit ihren Fähigkeiten und besonderen Talenten einbringen konnten.

In den sieben Farben des Regenbogens fanden die jungen Leute ein anschauliches Bild, eine organische Ordnung für diese Vielfalt: Wie das weiße Licht sich in sieben Farben bricht, so bringt die Liebe Farbe in die verschiedenen Lebensbereiche.

Eine “bunte Gemeinschaft“ mit verschiedenen Talenten

Interessant ist, dass die Idee zu dem Bild der „sieben Farben" nicht am grünen Tisch entstand. Es waren die besonderen Gaben von einigen aus der kleinen Gruppe um Chiara Lubich, die den Anstoß dazu gegeben haben.

Malen wir uns ein Gespräch aus,
in dem Chiara das
den Einzelnen erläutert;
es hat etwas Spielerisches
– und zeigt doch
so anschaulich,
wie vielfältig
die Liebe
das Leben
prägt:

Video

www.navi4life.de/farben

„Giosi, du kommst mir vor wie die augenfälligste der Farben: das Rot. Du denkst ganz praktisch an das, was wir brauchen, und sorgst dafür, dass jeder hat, was er braucht, und dass alles kreist. Diese Gütergemeinschaft ist unser hervorstechendstes Merkmal nach außen. Graziella, du bist wie ein leuchtendes Feuer: wie das Orange. Wer hat wie du die Gabe, andere für das Ideal der Liebe zu entzünden? Wohin immer du gehst, entzündest du ein Feuer! Natalia, du verkörperst unter uns die eifernde Liebe Gottes. Du hältst uns immer wieder das Wort Jesu vor: ‚Nur eines ist notwendig' (Lk 10,42), und die Liebe ist doch das Einzige, was zählt. Du bist unser ‚Gelb'. Aletta, bei dir fällt mir am meisten deine mütterliche Liebe auf. Wie eine Mutter sorgst du dich, wenn es einer von uns nicht gut geht. Du machst uns zur Familie. Dazu passt das Grün, die Farbe der Natur. Marilen, zu dir passt das Blau des Himmels: Du verstehst es, den Raum zu bereiten, in dem wir uns wohlfühlen, und etwas von der Harmonie des Himmels aufleuchten zu lassen.

Bruna, du hast begonnen, Theologie zu studieren. Deine Gedanken helfen uns, dass die göttliche Weisheit unsere kleine Gemeinschaft noch mehr durchdringt und aufbaut. Für dich steht das Indigo. Eli, du bist unsere Sekretärin, durch dich erreichen unsere Erfahrungen und Erlebnisse einen jeden; wir gehören ja zusammen, sind ‚ein Leib mit vielen Gliedern', wie der Apostel Paulus sagt. Dafür steht die letzte Farbe des Regenbogens, das Violett."

Die nachfolgenden Gedanken zu den „sieben Farben" sind kein Rezeptbuch. Die Texte sind als Impulsgeber zu verstehen: Verweile bei dem, was dich anspricht und dir nachgeht. Vielleicht siehst du bei dir auch besondere Talente? Und vielleicht entdeckst du auch Dinge, die du entwickeln kannst? Denn wer wünscht sich nicht ein Leben „wie aus einem Guss"?

Rot – Liebe ist Gemeinschaft

Meine Clique – das Schönste im Leben.
Immer wieder unternehmen wir etwas,
erleben was und wachsen miteinander.
Wenn ich mit meinen Freund*innen bin,
dann bin ich glücklich!
Auch wenn nichts los ist, ist bei uns immer was los!

Ähnlich ist in Gott „was los"!
Der eine Gott ist ein WIR – ist Beziehung.
Gott-Vater schenkt sich in der Dynamik des Heiligen Geistes
seinem Sohn –
und der schenkt sich dem Vater.
Gott ist Gemeinschaft.
Man könnte sagen: Er ist „Ich drei" und „Wir eins".
Auch wir sind berufen,
„eins zu sein, wie Jesus und der Vater eins ist" (vgl. Joh 17,21-23).
Von den ersten Christen heißt es:
„Sie waren – wie Gott – ein Herz und eine Seele.
Keiner nannte etwas von dem, was er hatte, sein Eigentum,
sie hatten alles gemeinsam" (vgl. Apg 4,32-33).
Dafür steht das **Rot des Regenbogens.**

Wo Menschen sich füreinander öffnen,
da beginnt alles zu kreisen.
Der Herzschlag der Liebe wird spürbar.
Überfluss und Not, Freude und Leid werden geteilt.

So vieles ist uns geschenkt!
Dafür können wir danken –
und wir können selbst immer etwas geben:
ein Lächeln, Verständnis, Vergebung, Zuhören,
unsere Zeit, unsere Talente, unsere Ideen, unsere Mitarbeit,
eine Erfahrung, etwas von unserem Besitz …
Beschenkt werden und schenken,
empfangen und geben! – Wenn uns das keine Ruhe lässt,
leuchtet das Geheimnis des Himmels auf dieser Erde neu auf.

Geben können wir auch unsere Arbeit.
Durch sie wirken wir mit am Schöpfungswerk Gottes.
Zugleich dienen wir der Gesellschaft.
Lernen wir von den Pflanzen.
Sie nehmen aus der Erde nur so viel Wasser
und Nährstoffe auf, wie sie wirklich brauchen.
Geben wir, was wir nicht brauchen,
und stellen es den anderen zur Verfügung.
Leben wir das „Wir",
denn **Liebe ist Gemeinschaft**.

Frag dich am Ende dieses Tages:
Was ist mir heute unvorhergesehen geschenkt worden?
Was konnte ich heute aus Liebe geben?

Wovon hast du „zu viel"?
Wovon könntest du dich lösen?

Lebendige Worte

„Die Menge derer, die gläubig geworden waren, war ein Herz und eine Seele. Keiner nannte etwas von dem, was er hatte, sein Eigentum, sondern sie hatten alles gemeinsam. Mit großer Kraft legten die Apostel Zeugnis ab von der Auferstehung Jesu, des Herrn, und reiche Gnade ruhte auf ihnen allen. Es gab auch keinen unter ihnen, der Not litt. Denn alle, die Grundstücke oder Häuser besaßen, verkauften ihren Besitz, brachten den Erlös und legten ihn den Aposteln zu Füßen. Jedem wurde davon so viel zugeteilt, wie er nötig hatte."

Aus der Apostelgeschichte 4,32-35

Flash zum Nachdenken

„Das Leben ist da, um aufgesprengt zu werden, um vorzustoßen, sich hinzugeben. Behält man es für sich, so würgt man es ab. Das Leben kann etwas Unheilvolles sein, wenn man es für sich behält – etwas Herrliches aber, sobald es sich hingibt. Ein Leben, das man nicht nur für sich besitzen will, ein Leben, das man hingibt, damit die Welt vor und nach unserem Leben nicht mehr genau die gleiche ist, ein solches Leben wirkt Wunder."

Nach Madeleine Delbrêl

Orange – Liebe ist wie ein wärmendes Feuer

Kann ich bei euch mitmachen?
Bei euch ist's immer irgendwie cool.
Und ihr schließt niemanden aus.
Das strahlt echt aus.

Echte Liebe leuchtet und wärmt – wie ein Feuer.
Liebe brennt, ohne zu verbrennen,
wie bei der Erfahrung des Mose mit dem Dornbusch (vgl. Ex 3,1-16).
Doch Feuer braucht Brennstoff.
Eine Liebe, die andere nicht „ansteckt", erlischt.
Und Liebe strahlt aus:
Liebe ist Anziehung, ist Attraktion.
Dafür steht das **Orange des Regenbogens**.

Egal, ob wir gerade schweigen oder sprechen,
ob wir arbeiten oder Sport treiben:
Alles, was aus Liebe geschieht,
wirkt wärmend und anziehend.
Es kann nicht anders sein,
als dass das Feuer der Liebe
Menschen um uns erreicht.

Aber wie halten wir dieses wärmende Feuer am Brennen?
Bilden wir kleine Zellen mit „Jesus im Boot".
„Liebt einander!", hatte er seinen Freunden aufgetragen (Joh 15,13).
Diese Einladung gilt – Augenblick für Augenblick!

Ist jemand krank, geh ihn/sie besuchen.
Braucht jemand deine Zeit, schenk sie ihm/ihr.
Ergibt sich eine unerwartete Begegnung, bleib stehen.
Ist jemand traurig, muntere ihn/sie auf.
Braucht jemand Hilfe, gib sie ihm/ihr.
Probieren wir es aus!

Solch konkret gelebte Liebe
bringt andere ins Nachdenken,
sie strahlt aus und wärmt,
denn **Liebe ist Feuer**!

Welche Menschen hat Gott dir „aufgegeben",
weil sie dich brauchen oder gern in deiner Nähe sind?

Wem kannst du heute geben, was er/sie jetzt zum Leben braucht?

Welche Erfahrung willst du mit deinen Freund*innen teilen?

Lebendige Worte

„Ihr seid das Salz der Erde. Wenn das Salz seinen Geschmack verliert, womit kann man es wieder salzig machen? Es taugt zu nichts mehr, außer weggeworfen und von den Leuten zertreten zu werden. Ihr seid das Licht der Welt. Eine Stadt, die auf einem Berg liegt, kann nicht verborgen bleiben. Man zündet auch nicht eine Leuchte an und stellt sie unter den Scheffel, sondern auf den Leuchter; dann leuchtet sie allen im Haus. So soll euer Licht vor den Menschen leuchten, damit sie eure guten Taten sehen und euren Vater im Himmel preisen."

Aus dem Evangelium nach Matthäus 5,13-16

Flash zum Nachdenken

„Es ist nicht unsere Sache, den Tag vorauszusagen, aber der Tag wird kommen, an dem wieder Menschen berufen werden, das Wort Gottes so auszusprechen, dass sich die Welt darunter verändert und erneuert. Es wird eine neue Sprache sein, vielleicht ganz unreligiös, aber befreiend und erlösend, wie die Sprache Jesu, dass sich die Menschen über sie entsetzen und doch von ihrer Gewalt [=Kraft] überwunden werden, die Sprache einer neuen Gerechtigkeit und Wahrheit, die Sprache, die den Frieden Gottes mit den Menschen und das Nahen seines Reiches verkündet."

Dietrich Bonhoeffer
an seinen Patensohn, DBW 8, 428-436

Gelb – Liebe will Unendlichkeit

Ich bin verliebt!
Ich will bei dir sein, weil ich dich liebe.
Nach deiner Nähe verlangt mein Herz!
Ich will Zeit mit dir teilen,
will dich entdecken,
will mich aufgehoben wissen bei dir.

So wie Liebende immer im Herzen des anderen präsent sind,
drängt es den Gottsuchenden,
immer tiefer in das Herz Gottes einzutauchen
und in ihm verwurzelt zu sein.
Dafür steht das **Gelb des Regenbogens**.

Für Jesus war Gott der große Liebende.
Ihn suchte er immer neu,
während langer Nächte, allein in der Stille.
Vertraulich sprach er mit ihm
und nannte ihn: „Abba“ (Papa).

Halt ein paar Augenblicke inne – bei dem Gott Jesu.
Verweile ein wenig – in seiner Nähe!
Stell dir vor, du bist voller Liebe angeschaut.

Schau *ihn* an, mit den Augen deines Herzens!
Frag nach dem, was jetzt dran ist für dich.
Vielleicht spürst du, wie nahe der dir ist,
der dir das Leben geschenkt hat.
Paulus hat genau diese Erfahrung gemacht, wenn er sagt:
„In ihm leben wir, bewegen wir uns und sind wir" (Apg 17,28).

Du trägst viele Menschen in deinem Herzen,
ihnen ist das Leben genauso anvertraut wie dir.
Entdeck diese deine Nächsten als offene Tür,
als Chance zu einem immer neuen Miteinander,
möglicherweise sogar als Weg zu Gott!
Magst du für diese Menschen beten,
sie dem ans Herz legen,
der uns das Leben geschenkt hat?
So leben wir „in Gott",
der die Liebe ist –
die **Unendlichkeit der Liebe**.

Nimm dir morgens ein paar Augenblicke Stille. Werde dir bewusst, was dich erwartet, worauf du dich freust und was dir Sorgen macht.

Lies das Tages-Evangelium.*
Durch das Wort des Evangeliums spricht Jesus – auch heute!

*In der App go4peace findest du das Tagesevangelium und ein Tagesmotto.

Jeder Liebende wartet auf Botschaften des/der Geliebten. Versuch, dem verborgenen Gott im Galopp des Tages ein kurzes Stoßgebet zu schicken:

„Danke, dass du da bist!"
„Hilf mir bei dieser Aufgabe!"
„Schenk mir Mut!"

Denk abends über deinen Tag nach.
Such nach „Spuren Gottes" in deinem Tag.

Lebendige Worte

„Als sie weiterzogen, kam er in ein Dorf.
Eine Frau namens Marta nahm ihn gastlich auf.
Sie hatte eine Schwester, die Maria hieß.
Maria setzte sich dem Herrn zu Füßen
und hörte seinen Worten zu.
Marta aber war ganz davon
in Anspruch genommen zu dienen.
Sie kam zu ihm und sagte:
Herr, kümmert es dich nicht,
dass meine Schwester
die Arbeit mir allein überlässt?
Sag ihr doch, sie soll mir helfen!
Der Herr antwortete:
Marta, Marta, du machst dir viele Sorgen und Mühen.
Aber nur eines ist notwendig.
Maria hat den guten Teil gewählt,
der wird ihr nicht genommen werden."

Aus dem Lukas-Evangelium 10,38-42

Flash zum Nachdenken

„Wenn du vernünftig bist, erweise dich als Schale und nicht als Kanal, der fast gleichzeitig empfängt und weitergibt, während jene wartet, bis sie gefüllt ist. Auf diese Weise gibt sie das, was bei ihr überfließt, ohne eigenen Schaden weiter. Lerne auch du, nur aus der Fülle auszugießen, und habe nicht den Wunsch, freigiebiger zu sein als Gott. Die Schale ahmt die Quelle nach. Erst wenn sie mit Wasser gesättigt ist, strömt sie zum Fluss, wird zum See. Du tue das Gleiche! Zuerst anfüllen und dann ausgießen. Die gütige und kluge Liebe ist gewohnt überzuströmen, nicht auszuströmen. Ich möchte nicht reich werden, wenn du dabei leer wirst. Wenn du nämlich mit dir selber schlechter umgehst, wem bist du dann gut? Wenn du kannst, hilf aus deiner Fülle; wenn nicht, schone dich."

Bernhard von Clairvaux
in einem Brief an Papst Eugen,
einen früheren Schüler von ihm

Grün – Liebe ist Leibhaftigkeit

Ich fühle mich.
Ich spüre meinen Leib.
Ich bin (mein) Leib – mit Haut und Haar.
In meinem Leib erlebe ich
die Dynamik meiner Sexualität.
Alles, was ich denke, fühle und tue,
ist leibhaft, ist ganz ich.

Nahrung, Gesundheit, Erholung, Sport, Krankheit, Umwelt, Schöpfung – all das gehört zum **Grün des Regenbogens**.

Leibhafte Liebe meint zunächst die Sorge für dein Leben.
Unser Leib ist „Tempel des Heiligen Geistes" (1 Kor 6,19).
Er will umsorgt sein.
Zu einem klugen Lebensstil gehören Sport und Erholung,
genügend Schlaf, Barmherzigkeit im Umgang
mit den eigenen Schwächen und Fehlern.
Zu viel Alkohol, Nikotin und verschwendete Zeit,
zu viel „digital im Netz unterwegs",
zu viel Konsum verdunkeln das Zeugnis unseres Lebens.

Als Leib bin ich geschlechtlich geprägt
bis in meine kleinsten Zellen,
bin aber immer auch „unvollständig",
verwiesen auf das Du.

Erst im lebendigen und ehrlich gelebten Miteinander
werde ich „ganz".

Finden zwei Menschen in ehrlicher persönlicher Liebe zueinander, findet diese Liebe ihre tiefe Erfüllung in menschlicher Ganzhingabe. Liebende schenken sich gegenseitig, mit Leib und Seele, mit Vergangenheit, Gegenwart und Zukunft, mit „Haut und Haar".

Wenn sich zwei Menschen ganz tief lieben und spüren, dass sie wie füreinander gemacht sind, spüren sie: Die leibhaft gelebte Liebe ist etwas Ganzes und Bedingungsloses, etwas Großes. Es braucht viel geteilte Zeit, auch Warten-Können und menschliche Reife. Und es braucht den ihr gemäßen Schutz-Raum gelebter Intimität. Ein junges Paar sagte es mal so: „Alles sofort – das passt einfach nicht; dafür sind wir uns zu kostbar."

Leibhaft-konkrete, aufmerksame Liebe brauchen alle unsere Nächsten. Ein freundlicher Gruß am Morgen, das gut vorbereitete Mittagessen, der Besuch eines alten Menschen, die ins Spiel mit einem Kind investierte Zeit, ein von Herzen kommendes Danke, all das stiftet Beziehung und prägt ein lebendiges Miteinander.

Auch die Schöpfung, die Gott gewollt hat und liebt, ist uns anvertraut. Alles Geschaffene, Wiesen, Strände, Berge, Tiere, Menschen …, alles trägt gewissermaßen die DNA Gottes in sich. Alles ist gewollt, geliebt, mit dir verwoben. Sorge dich um das Leben – das deinige, das deiner Nächsten und das der Schöpfung! Unser Leben wird so zu einem „Ort der Liebe", denn **Liebe ist Leibhaftigkeit**.

Wann nimmst du dir Zeit, dich zu erholen?
Welche sportliche/körperliche Betätigung hast du für dich entdeckt?

Welchen Beitrag leistest du, um die Schöpfung zu bewahren?
Was tust du gegen den Klimawandel?

Welchen alten, einsamen oder kranken Menschen
gibt dir das Leben auf? Wen könntest du mal besuchen?

Lebendige Worte

Des Nachts auf meinem Lager suchte ich ihn,
den meine Seele liebt.
Ich suchte ihn und fand ihn nicht.
Aufstehen will ich, die Stadt durchstreifen,
die Gassen und Plätze, ihn suchen,
den meine Seele liebt.
Ich suchte ihn und fand ihn nicht.
Mich fanden die Wächter
bei ihrer Runde durch die Stadt.
Habt ihr ihn gesehen,
den meine Seele liebt?
Kaum war ich an ihnen vorüber,
fand ich ihn, den meine Seele liebt.
Ich packte ihn, ließ ihn nicht mehr los,
bis ich ihn ins Haus meiner Mutter brachte,
in die Kammer derer, die mich geboren hat.
Bei den Gazellen und Hinden der Flur
beschwöre ich euch, Jerusalems Töchter:
Stört die Liebe nicht auf,
weckt sie nicht, bis es ihr selbst gefällt!

Hoheslied 3,1-5

Flash zum Nachdenken

Was immer der Erde widerfährt,
widerfährt auch den Kindern der Erde.
Ihr müsst eure Kinder lehren,
dass der Boden unter ihren Füßen
die Asche unserer Großväter und Großmütter ist.
Damit eure Kinder das Land achten, erzählt ihnen,
dass die Erde reich ist durch die Seelen unserer Vorfahren.

Lehrt eure Kinder, was wir unsere Kinder gelehrt haben:
dass die Erde unsere Mutter ist.
Was immer der Erde widerfährt,
widerfährt auch den Kindern der Erde.
Wenn Menschen auf die Erde spucken,
bespucken sie sich selbst.
Dieses wissen wir:
Die Erde gehört nicht dem Menschen;
der Mensch gehört der Erde.
Dieses wissen wir:
Alle Dinge sind miteinander verbunden.

Aus einer Rede, die dem Häuptling Seattle zugeschrieben wurde

Blau – Liebe schafft ein Zuhause

Am Ende eines langen Tages komme ich nach Hause.
Ich schließe die Tür auf. Im Flur brennt Licht.
Ich höre bekannte Stimmen, rieche vertraute Gerüche.
Ich trete ein.
Frohe Stimmen empfangen mich, heißen mich willkommen:
„Wie schön, dass du da bist!"

Jeder Mensch braucht ein Zuhause, einen Ort, wo er hingehört,
um im Fluss des Lebens Beständigkeit zu erfahren.
„Wir brauchen einen Ort, der uns das Gefühl der Geborgenheit,
der Beständigkeit und der Ruhe vermittelt" (Carlo Caretto).
Um diese Harmonie im Raum unseres Lebens
geht es beim **Blau des Regenbogens**.

Einfaches Leben „spricht" – ohne Worte.
Es spricht Menschen an.
Wenn du in ein Haus oder in ein Zimmer kommst,
spürst du sofort, ob du dich dort wohl fühlst.
Es sollte weder schäbig noch zu luxuriös sein,
sondern „einfach schön", wie die Natur, geprägt von Harmonie.
Alle sollen sich zu Hause fühlen können.
Jeder soll willkommen sein!
Diese Schönheit, ein Abglanz Gottes, will aufstrahlen –
auch in der Art und Weise, wie wir uns kleiden und uns einrichten.

In der Bibel heißt es: „Vergesst nicht, Gastfreundschaft zu üben,
denn auf diese Weise haben einige, ohne es zu wissen,
Engel bei sich aufgenommen" (Hebr 13,2).

Unser Lebensraum ist offen für den anderen.
„Das ist aller Gastfreundschaft tiefster Sinn, dass einer dem anderen Rast gebe auf dem Weg nach dem ewigen Zuhause!" (Romano Guardini).
In meinem Zimmer, in unserem Haus lebe ich nicht nur für mich selber, sondern ebenso für die anderen.

Eine solche Haltung schafft kreative Räume
auch für die Weiterentwicklung unserer Gesellschaft und Politik:
Im Großen wie im Kleinen brauchen wir alle eine „Willkommenskultur".
Liebe schafft ein Zuhause!

Was ist dir heute an Schönem in deiner Umgebung aufgefallen?

Zu welchem Kleidungsstück haben Freund*innen dir gesagt:
„Das steht dir gut!"?

Schau in deinen Kleiderschrank. Was ist zu viel?
Was kannst du weitergeben?

Lebendige Worte

Jesus sagte zu seinen Jüngern: Deswegen sage ich euch: Sorgt euch nicht um euer Leben, was ihr essen sollt, noch um euren Leib, was ihr anziehen sollt! Denn das Leben ist mehr als die Nahrung und der Leib mehr als die Kleidung. Seht auf die Raben: Sie säen nicht und ernten nicht, sie haben keine Vorratskammer und keine Scheune; und Gott ernährt sie. Wie viel mehr seid ihr wert als die Vögel! Wer von euch kann mit all seiner Sorge sein Leben auch nur um eine kleine Spanne verlängern? Wenn ihr nicht einmal etwas so Geringes könnt, warum macht ihr euch dann Sorgen um das Übrige? Seht euch die Lilien an, wie sie wachsen: Sie arbeiten nicht und spinnen nicht. Doch ich sage euch: Selbst Salomo war in all seiner Pracht nicht gekleidet wie eine von ihnen. Wenn aber Gott schon das Gras so kleidet, das heute auf dem Feld steht und morgen in den Ofen geworfen wird, wie viel mehr dann euch, ihr Kleingläubigen!

Aus dem Lukas-Evangelium 12,22-28

Flash zum Nachdenken

Hab Vertrauen in das langsame Arbeiten Gottes. Ganz natürlich drängen wir in allen Dingen ungeduldig dem Ziele zu. Wir möchten die Zwischenstufen überspringen. Wir leiden voller Ungeduld darunter, zu etwas Unbekanntem, Neuem unterwegs zu sein. Dabei ist es das Gesetz jedes Fortschreitens, dass sein Weg über das Unbeständige führt, das eine sehr lange Zeit andauern kann. Deine Gedanken reifen ganz allmählich. Lass sie wachsen, lass sie Gestalt annehmen, ohne etwas zu überstürzen! Versuche nicht, sie zu zwingen, so als könntest du heute schon sein, was die Zeit morgen aus dir machen wird. Schenke unserem Herrn Vertrauen und denke, dass seine Hand dich gut durch die Finsternisse und das Werden führen wird und nimm als Liebe zu ihm die Angst auf dich, dich im Ungewissen und gleichsam unfertig zu fühlen.

Pierre Teilhard de Chardin,
Entwurf und Entfaltung, Briefe aus den Jahren 1916-1919, S. 66

Indigo – Liebe ist Quelle der Weisheit

Muss dringend mit dir reden!
Wie es weitergehen soll? Keine Ahnung!
Steh in einem Dschungel von Möglichkeiten und muss wählen.
Aber ich muss den perfekten Weg für mich finden.
Hab schon zwei Mal was abgebrochen.
Passte irgendwie nicht.
Bin irgendwie total überfordert. Brauche dringend Rat.

Da scheint guter Rat teuer!
Genau darum geht's beim **Indigo des Regenbogens**.

Das Leben lädt uns ein,
(uns) weniger von außen als vielmehr von innen her zu verstehen.
Wenn wir mit dem Blick der Liebe etwas anschauen
und zu verstehen suchen,
entdecken wir das Positive, das Wertvolle, das Vernetzende,
das Echte, die Chancen und Möglichkeiten …
Wir sehen aber auch die Grenzen und Gefahren.
Das lässt uns umsichtig und vorsichtig sein.

Bei einer Berufswahl fragen wir:
Was kann ich besonders gut?

Wir suchen zu verstehen, was dieser oder jener Beruf für den/die
Einzelne/n und für die Gesellschaft
an Gestaltungsmöglichkeit mit sich bringt.
Zugleich sehen wir, dass ein „Ja" so manches „Nein" nach sich zieht.
Um eine Entscheidung stark zu machen,
gilt es auf anderes zu verzichten.

Wie entsteht solche Weisheit?
Wie „funktioniert" solches Sehen?
Zunächst einmal ist es wichtig,
gut „in sich hineinzuhören",
nachzudenken und nachzuspüren.
Aber wir merken auch:
Allein machen wir schnell Fehler,
sind leicht zu ängstlich oder zu großzügig,
zu blind oder zu leichtsinnig, zu sprunghaft
oder zu wenig flexibel ...
Das gelebte WIR kann helfen.
Triff dich mit Leuten, denen du vertraust.
Sag, was dich bewegt und was dich zweifeln lässt!
Sei bereit, aufmerksam in dich
und auf die Worte der anderen zu hören.
Oft schenkt sich dann eine tiefere Klarheit und Gewissheit,
dann und wann auch ein neuer, bisher nicht bedachter Weg.

„In deinem Licht schauen wir das Licht" (Ps 36,9).
Gottes Weisheit kann im Gespräch
mit anderen heller leuchten.
Durch die gegenseitige Liebe
kommt sie mehr zum Vorschein,
denn diese Liebe ist eine **Quelle der Weisheit.**

Was hast du in der letzten Zeit Gutes gelesen,
was dir wichtige Impulse gegeben hat?

Wenn du reden willst, über ganz Persönliches,
mit wem sprichst du dann am liebsten?

Unsere Gesellschaft ist im Umbruch. Vielfältige Themen werden kontrovers diskutiert. Welche Fragen bewegen dich zur Zeit?

Lebendige Worte

Die Weisheit „ist nur eine und vermag doch alles;
ohne sich zu ändern, erneuert sie alles.
Von Geschlecht zu Geschlecht tritt sie in heilige Seelen ein und schafft Freunde Gottes und Propheten; denn Gott liebt nur den, der mit der Weisheit zusammenwohnt. Sie ist schöner als die Sonne und übertrifft jedes Sternbild. Sie erweist sich strahlender als das Licht; denn diesem folgt die Nacht, doch über die Weisheit siegt keine Schlechtigkeit".

Aus dem alttestamentlichen
Buch der Weisheit 7,27-30

Flash zum Nachdenken

„Die Gleichgültigkeit hat dem Herzen des Menschen
einen Panzer umgelegt, der ihn hindert,
sich vom Leben des Nächsten berühren zu lassen.
Wie in Seifenblasen eingehüllt sehen wir die Not
und Versklavung vieler – oft in unserer nächsten Umgebung,
beginnen aber nicht zu reagieren."

So mahnt Papst Franziskus in seiner Botschaft
zum Weltfriedenstag am 1.1.2015.

„Wir wissen, dass Gott jeden von uns fragen wird:
‚Was hast du mit deinem Bruder gemacht?' (vgl. Gen 4,9-10).
Die Globalisierung der Gleichgültigkeit,
die heute auf dem Leben
so vieler Schwestern und Brüder lastet,
verlangt von uns allen,
zu Urhebern einer Globalisierung der Solidarität
und der Geschwisterlichkeit zu werden,
die die Hoffnung zurückgeben kann.
Aber dazu braucht es eine Weisheit,
die das Licht des Himmels hat
und das Durcheinander
auf der Erde durchschaut."

Violett – Liebe will Kommunikation

Was ich heute Abend mache, weiß ich noch nicht.
Wir chatten gleich mal, dann kommt schon was raus.
Ich bin immer in Kontakt mit meinen Freund*innen,
ein Leben ohne Handy – das ginge gar nicht mehr für mich.
Neulich war mein Handy kaputt, ich war wie tot.
Mein Leben ist Kommunikation.

Noch nie gab es so viele Kommunikationsnetzwerke,
noch nie gingen täglich so viele Botschaften um die Welt wie heute!
Zugleich sind noch nie so viele Beziehungen gescheitert wie heute …
Wir chatten viel und sagen (oft) wenig!
Echte Kommunikation – gar nicht so einfach!

Wir gehören zusammen.
Wir sind einander aufgegeben.
Wir sind Teil der einen Menschheit.
Wir gehören zusammen, sitzen in einem Boot.
Wir sprechen von der „Menschheitsfamilie".
Auch wenn es oft anders aussieht, so gilt doch:
Miteinander – wie sonst?!
Die Liebe entdeckt in jedem Nächsten die Schwester und den Bruder,
unterwegs unter dem einen Himmel.
Darum geht's beim **Violett des Regenbogens**.

Die Liebe denkt vom WIR her.
Sie fühlt sich gedrängt, sich mitzuteilen und zu teilen.
Alles Geschenkte, Entdeckte und Erfahrene
will weitergegeben werden.

Oft braucht's dazu ein kurzes Innehalten
und ein wenig Mut.
Ein jedes Herz sehnt sich nach good news!
Wenn wir sie teilen, nähren wir die Hoffnung
und leben im „Kreislauf der Liebe".

Wir sind in einer Zeit
voller Netzwerke unterwegs,
mit vielfältigsten Kommunikationsmitteln.
Setzen wir sie ein –
mit Entschiedenheit und Vorsicht,
mit Klugheit und Umsicht!

Teilen wir uns mit,
denn **Liebe will Kommunikation**.

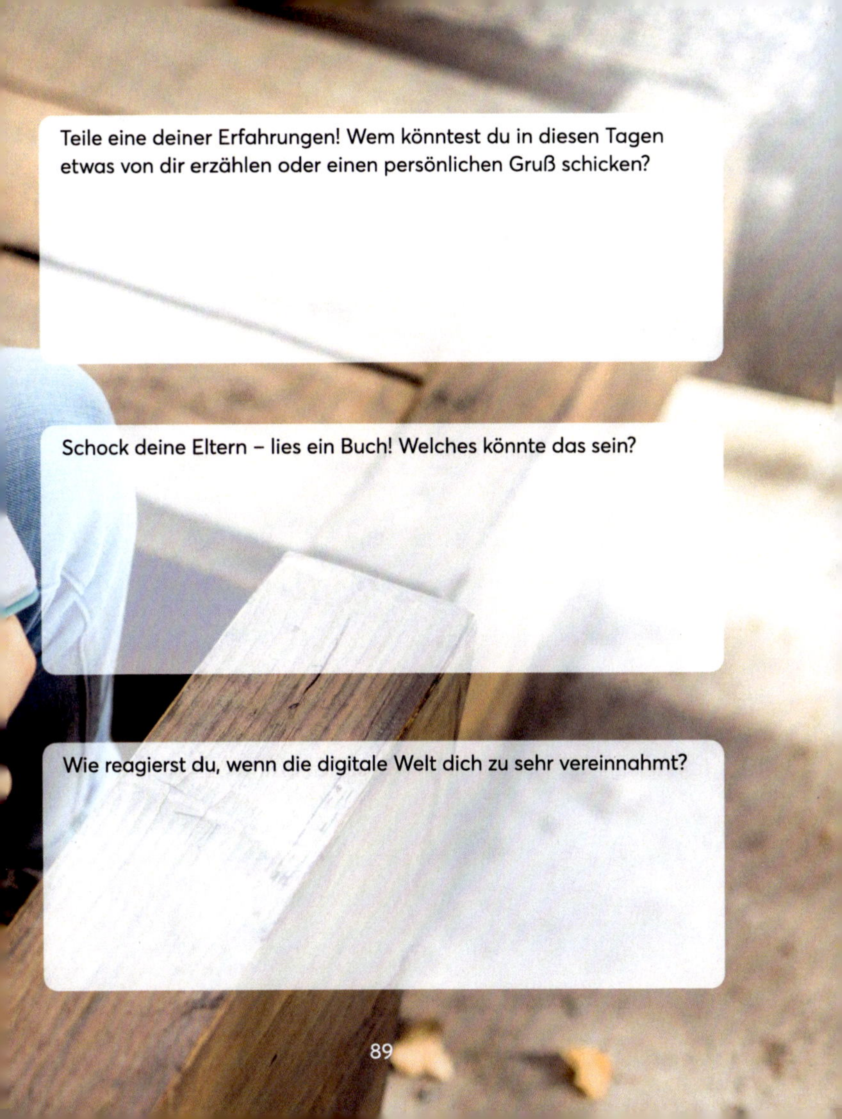

Teile eine deiner Erfahrungen! Wem könntest du in diesen Tagen etwas von dir erzählen oder einen persönlichen Gruß schicken?

Schock deine Eltern – lies ein Buch! Welches könnte das sein?

Wie reagierst du, wenn die digitale Welt dich zu sehr vereinnahmt?

Lebendige Worte

„Denn wie wir an dem einen Leib viele Glieder haben, aber nicht alle Glieder dieselbe Aufgabe haben, so sind wir, die vielen, ein Leib in Christus, als Einzelne aber sind wir Glieder, die zueinander gehören."

Aus dem Brief des Apostels Paulus an die Römer 12,4-5

Flash zum Nachdenken

„Es bedarf der körperlichen Gesten, des Mienenspiels, der Momente des Schweigens, der Körpersprache und sogar des Geruchs, der zitternden Hände, des Errötens und des Schwitzens, denn all dies redet und gehört zur menschlichen Kommunikation. Die digitalen Beziehungen, die von der Mühe entbinden, eine Freundschaft, eine stabile Gegenseitigkeit und auch ein mit der Zeit reifendes Einvernehmen zu pflegen, geben sich nur den Anschein einer Geselligkeit. Sie bilden nicht wirklich ein „Wir" … Die digitale Vernetzung genügt nicht, um Brücken zu bauen; sie ist nicht in der Lage, die Menschheit zu vereinen.

Papst Franziskus, Fratelli tutti, Nr. 43

Gedanken zum Evangelium

Das Evangelium ist immer jung.

Es besitzt eine dynamische Kraft für die Welt
und für jeden einzelnen Menschen.
Es will gelebt werden,
will dein Leben werden.

Wenn ein Mensch sich der Liebe Gottes
in den verschiedenen Lebensbereichen öffnet,
wird er von einer tiefen Freude
und von echtem Lebenssinn erfüllt.

Finden alle Lebensbereiche
– wie die Farben eines Regenbogens –
in eine ausgewogene Balance,
strahlt das Leben wie ein helles Licht.

Mit Gott im Gespräch

Ich bitte nicht um Wunder und Visionen, Herr,
sondern um die Kraft für den Alltag.
Lehre mich die Kunst der kleinen Schritte!
Mach mich findig und erfinderisch,
um im täglichen Vielerlei und Allerlei
rechtzeitig meine Erkenntnisse und Erfahrungen zu notieren,
von denen ich besonders getroffen und betroffen bin.
Mach mich griffsicher, in der richtigen Zeiteinteilung.
Schenke mir das Fingerspitzengefühl, um herauszufinden,
was erstrangig und was zweitrangig ist.
Lass mich erkennen, dass Träumereien nicht weiterhelfen,
weder über die Vergangenheit, noch über die Zukunft.

Hilf mir, das Nächste so gut wie möglich zu tun
und die jetzige Stunde als die wichtigste zu erkennen.
Bewahre mich vor dem naiven Glauben,
es müsste im Leben alles glatt gehen.
Schenke mir die nüchterne Erkenntnis,
dass Schwierigkeiten, Niederlagen, Misserfolge und Rückschläge
eine selbstverständliche Zugabe zum Leben sind,
durch die wir wachsen und reifen.

Gib mir das tägliche Brot für Leib und Seele,
eine Geste deiner Liebe, ein freundliches Echo,
und hin und wieder das Erlebnis, dass ich gebraucht werde.
Ich weiß, dass sich viele Probleme dadurch lösen, dass man nichts tut.
Gib mir, dass ich warten kann.
Ich möchte dich und die anderen immer aussprechen lassen.
Das Wichtigste sagt man nicht selbst, es wird einem gesagt.

Du weißt, wie sehr wir
der Freundschaft bedürfen.
Gib, dass ich diesem
schönsten, schwierigsten,
riskantesten und zartesten Geschäft
des Lebens gewachsen bin.
Verleihe mir die nötige Fantasie,
im rechten Augenblick ein Päckchen Güte
– mit oder ohne Worte –
an der richtigen Stelle abzugeben.

Mach aus mir einen Menschen,
der einem Schiff im Tiefgang gleicht,
um auch die zu erreichen, die unten sind.
Bewahre mich vor der Angst,
ich könnte das Leben versäumen.
Gib mir nicht, was ich mir wünsche,
sondern was ich brauche.
Lehre mich die Kunst der kleinen Schritte.

Antoine de Saint-Exupéry zugeschrieben
Für Hinweise auf eventuelle Rechteinhaber sind wir dankbar!

KAPITEL 4

Liebe verändert alles!

Ein fiktiver Brief von Maria Magdalena an dich

Dieser Brief
als Video

www.navi4life.de/magdalena

Lieber Freund, liebe Freundin dieses Augenblicks,

du magst dich wundern über diesen Brief, aber mich drängt es, dir zu schreiben. Ich möchte mit dir teilen, was mein Leben am tiefsten berührt und glücklich gemacht hat. Es war der Blick eines Menschen, der mich zuinnerst erreicht, bewegt, geheilt und erfüllt hat. Aber dazu möchte ich dir ein wenig mehr von mir erzählen.

Meinen Namen magst du kennen – Maria Magdalena. Aufgewachsen bin ich mit meiner älteren Schwester Marta und meinem Bruder Lazarus in dem kleinen Dorf Bethanien – nur einen Steinwurf entfernt von den mächtigen Mauern der Stadt Jerusalem (Joh 11,1-16). Unser Vater hatte schon früh Aussatz, musste deshalb von zu Hause weg und starb früh. So galten wir immer als die Kinder aus dem „Haus Simons des Aussätzigen". Wir waren sehr arm, irgendwie geächtet, immer am Rand.

Kennst du das Gefühl, es in den Augen der anderen nie zu bringen? Nie dazuzugehören – wegen deiner Herkunft und wegen der Grenzen, in die das Leben dich geboren hat? Und dabei hatte ich einen solchen Hunger nach Leben! Und dann die Religion: so eng, so muffig, so angstmachend. Immer hieß es: „Du musst!" – „Du sollst!" – „Das darfst du nicht!" Irgendwie hab ich keine Luft mehr bekommen. Und dann hat's mich gepackt und ich bin gegangen – in die Welt. Ich wollte leben.

Verschlagen hat's mich in eine größere Stadt – sechs bis sieben Tagereisen entfernt von meinem Dorf: nach Tarichäa, direkt am See Genezareth. Gelebt hab ich da zunächst in dem Stadtviertel Magdala, dem Viertel der Juden. Klar, ich bin ja Jüdin. Aber die anderen Stadtteile waren viel interessanter, geprägt von griechischer und römischer Kultur. Und der Hafen: voller Leben, bunt und quirlig, aufreizend und prickelnd, immer neue Kicks, voller schöner Düfte, Musik und Genüsse, aber auch Intrigen – und überall Blicke, die etwas haben wollten. Keine schönen Blicke … Und ich, ich war mittendrin, begehrt, umworben – aber glücklich, tief in mir, war ich nie.

Es waren Jahre voller Oberflächlichkeiten und Illusionen, eine Zeit lang bin ich total darin aufgegangen. Und dann fast untergegangen. Ich war strebsam und fleißig und wurde sehr, sehr reich. Um Geschäfte zu machen, hab ich gespielt, hab Menschen um den Finger gewickelt. Mancher ging mir auf den Leim.

Aber je mehr ich hatte, je bekannter ich wurde, desto einsamer fühlte ich mich. Eine feste Freundschaft war nicht gewachsen. Ich weiß auch nicht, ob ich sie wirklich gesucht habe. Vielleicht sollte es auch nicht sein. Aber eins kann ich sagen: Mein Herz wurde immer schwerer und trauriger. Und ich war ständig auf der Flucht – vor mir selber. Ich wollte doch leben! Und zugleich war mir klar: Das kann doch nicht das Leben sein!

Und dann, eher zufällig, diese Begegnung mit diesem jungen Rabbi. Heut' weiß ich, dass es kein Zufall war. Mit einer Gruppe Männer und Frauen zog er übers Land. Irgendwann war er auch in Tarichäa, direkt am See; sogar nach Magdala kam er. Ich geriet in eine Menschenmenge, die ihm zuhörte.

Er sprach so anders als die anderen Leute in den Synagogen. Er sprach von Gott als „Abba". Das klang zärtlich, wie in der Familie. Da war nichts mit Drohungen und Strafe. Da war kein Zwang. Ich hatte den Eindruck, seine Worte waren wie eine zärtliche Umarmung. In diesen Augenblicken spürte ich: Ich bin angekommen. Ich spürte den ganzen Schmutz, die Wirrungen und Verwirrungen der vergangenen Jahre, ich spürte all die Sehnsucht und Sünde in mir. Und ich spürte auch: In der Nähe dieses Mannes kam es auf all das gar nicht an! Und dann – ich weiß es noch genau – traf mich sein Blick. Er schaute mich an. Seine Augen ruhten auf mir – zärtlich, bergend. Von ihm ging Frieden aus. Dieser Blick machte mich frei. Ich spürte: Unter diesem Blick wirst du die Maria werden, die du bist. Dieser Blick ist reine Liebe. Von ihm angesehen, fand ich neu mein Ansehen.

„Ich bin geliebt – mit allem, was war und ist und sein wird!", diese Botschaft sang mein Herz. Ich fühlte mich trunken vor Liebe. Was ich bisher unter „Liebe" verstanden hatte, war wie Staub im Vergleich mit dem, was mir auf einmal geschenkt war. Bei dieser neuen Liebe – meiner neuen Liebe – wollte ich sein, wollte ich bleiben, um zu wachsen ...

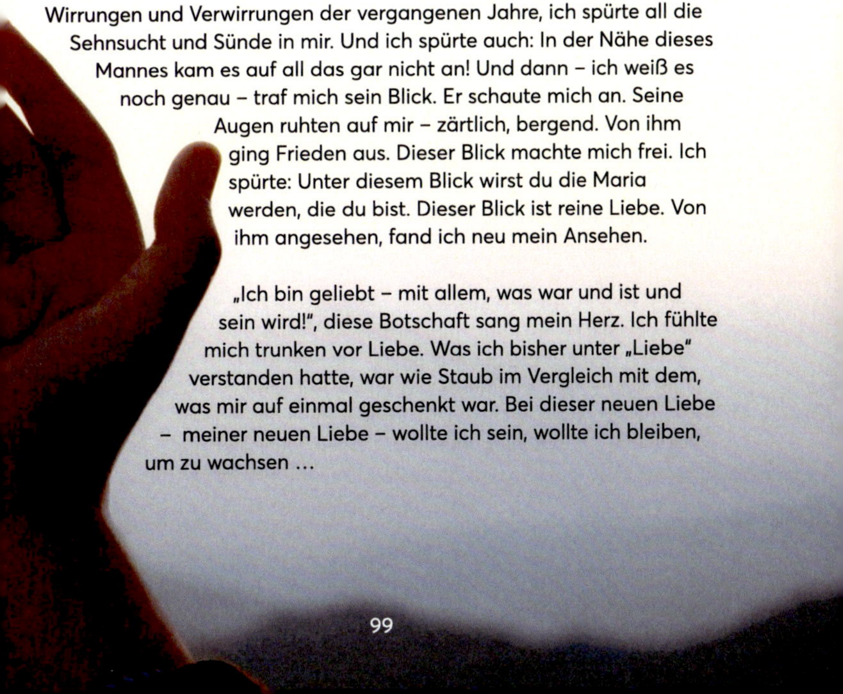

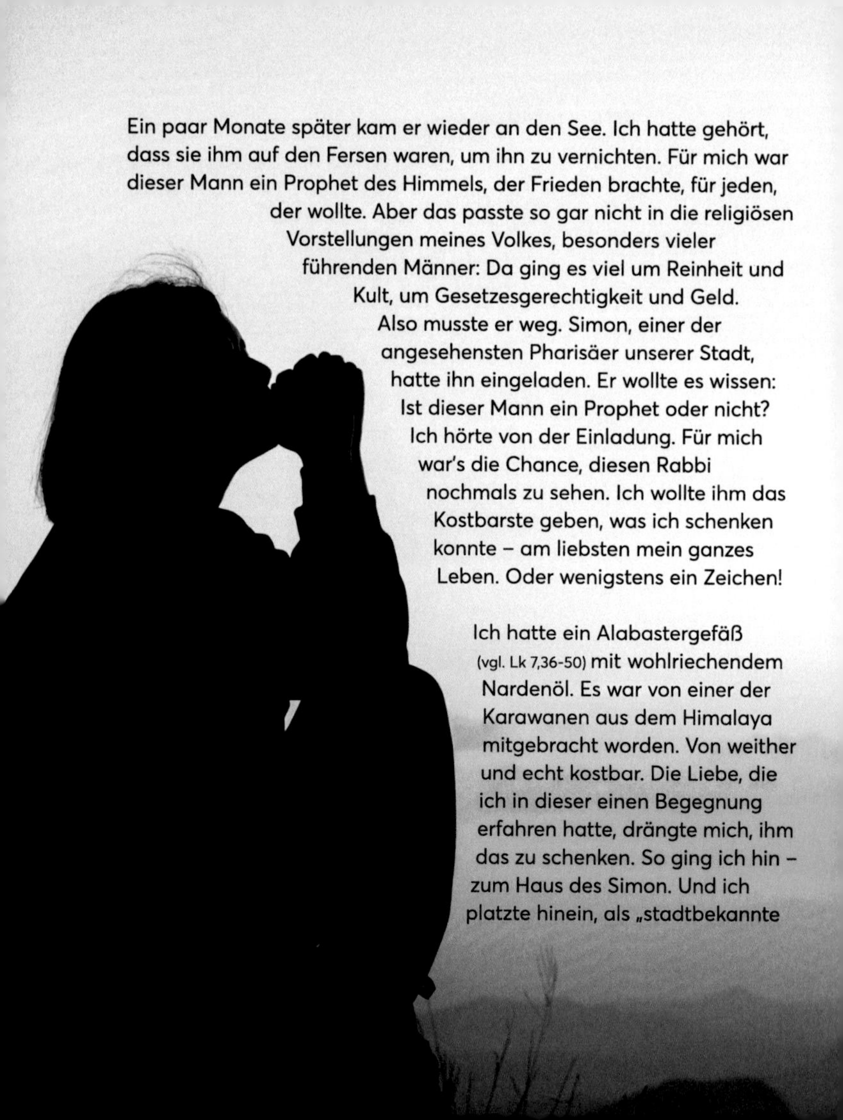

Ein paar Monate später kam er wieder an den See. Ich hatte gehört, dass sie ihm auf den Fersen waren, um ihn zu vernichten. Für mich war dieser Mann ein Prophet des Himmels, der Frieden brachte, für jeden, der wollte. Aber das passte so gar nicht in die religiösen Vorstellungen meines Volkes, besonders vieler führenden Männer: Da ging es viel um Reinheit und Kult, um Gesetzesgerechtigkeit und Geld. Also musste er weg. Simon, einer der angesehensten Pharisäer unserer Stadt, hatte ihn eingeladen. Er wollte es wissen: Ist dieser Mann ein Prophet oder nicht? Ich hörte von der Einladung. Für mich war's die Chance, diesen Rabbi nochmals zu sehen. Ich wollte ihm das Kostbarste geben, was ich schenken konnte – am liebsten mein ganzes Leben. Oder wenigstens ein Zeichen!

Ich hatte ein Alabastergefäß (vgl. Lk 7,36-50) mit wohlriechendem Nardenöl. Es war von einer der Karawanen aus dem Himalaya mitgebracht worden. Von weither und echt kostbar. Die Liebe, die ich in dieser einen Begegnung erfahren hatte, drängte mich, ihm das zu schenken. So ging ich hin – zum Haus des Simon. Und ich platzte hinein, als „stadtbekannte

Sünderin", wie sie mich nannten – in diese reine Männer-Gesellschaft. Sie waren empört: „Wie kann die sich so etwas trauen! Das ist doch unerhört!"

Mein Blick suchte nur den, den meine Seele liebt (vgl. Hld 3,1). Er lag neben Simon zu Tisch. Von hinten näherte ich mich ihm und kniete mich zu seinen Füßen. Als ich diese Nähe spürte, bewegte sich mein Herz. Ich begann zu weinen. Nein, es war kein Weinen, es war ein Heulen und Schluchzen. Alles, was mich ausgemacht, beschämt und belastet hatte, brach heraus. Meine Tränen rannen auf seine Füße. Er ließ es zu – unter den urteilenden Blicken der anderen. In diesem Augenblick löste sich alles in meinem Herzen. Mir war, als würde ich neu geboren. Ich nahm meine langen schönen Haare und trocknete seine Füße. Dann goss ich das kostbare Öl auf sie und salbte sie – lange und zärtlich. Mir schien, unter dem Zelt meiner Haare, ihn zärtlich berührend, waren nur er und ich. Vor ihm musste ich nichts mehr verbergen. Ich wusste: Ich darf sein, wie ich bin! Er hat mir das Leben neu geschenkt! Es war wie ein Ruf – von ganz innen her. Ich konnte nicht anders, als mein Leben fortan nur ihm zu geben.

Von nun an ging ich mit ihm – in der kleinen Gruppe seiner Freundinnen und Freunde. Ich kümmerte mich mit anderen aus der Gruppe um die Versorgung unserer kleinen Gemeinschaft (Lk 8,1-3). Das war oft harte Arbeit. Nein, ich sag's anders: Es war Dienst, irgendwie Liebesdienst. Er diente allen, die ihm begegneten – und wir hatten begonnen, ihm gleich zu tun. Den Männern fiel das noch schwer. Für mich war's eine Antwort auf seine Liebe.

So ließ ich also Tarichäa und Magdala und war fortan viel unterwegs. Natürlich war ich auch immer wieder mal bei meinen Geschwistern Lazarus und Marta (Joh 12,1-11). Klar, irgendwie war und blieb das mein Zuhause, mein Herz aber war zu Haus bei ihm. Und er besuchte uns manchmal in Bethanien. Ich saß dann immer zu seinen Füßen und hab ihm stundenlang zugehört. Was er sagte, ließ mich ganz neu verstehen, was Leben ist, echtes, volles Leben! Seine Worte machten mein Herz weit und ließen eine Liebe in meinem Herzen aufflammen, die keinen Menschen ausschließt, denn Liebe kann nur lieben.

Und dann starb mein Bruder. Das war ein Schock für Marta und mich. Es war auf einmal kein Mann mehr im Haus. Wie sehr hingen wir an unserem Bruder! Ich hab' geweint wie damals, als ich die Füße des Rabbis salben durfte. Und dann kam er. Mein Bruder war schon vier Tage im Grab, als er kam und mich weinen sah. Als er hörte, dass Lazarus tot war, begann auch er zu weinen. In diesen Tränen, diesem großen Schmerz, waren wir einander ganz, ganz nah. Und wie zum Zeichen, dass die Liebe alles vermag, geschah dieses Wunder: Er rief meinen Bruder aus dem Tod heraus – hinein ins Leben (vgl. Joh 11,17-44). Unglaublich! Ich konnte es nicht fassen: Ja, die Liebe ist wirklich stärker als der Tod!

Die knapp drei Jahre, die ich mit ihm und den Seinen unterwegs war – später nannten wir das den „neuen Weg" (vgl. Apg 9,2) – haben mich ins Leben finden lassen. Und wenn ihr mich fragt, was mich am Leben gehalten hat, dann waren es seine Worte. Sie entsprangen einer tiefen Liebe und führten direkt ins Leben. Und ich kann euch sagen: Leicht war's in unserer Gruppe nicht. Irgendwie hatte ich immer den Eindruck, Petrus, der erste auf Männerseite, hat sich schwer mit mir getan.

Für ihn war's nicht leicht zu verstehen, dass Frauen und Männer gleich viel wert sind. Und auch mit Jakobus und Johannes war's anfangs nicht leicht. Die wurden überall „Donnersöhne" genannt, und auch als schon klar war, dass der Rabbi sterben würde, feilschten sie noch um die ersten Plätze im Himmel (vgl. Mk 9,33-37). Dabei hatte er doch immer auf die Kleinen und Schwachen geschaut und auf die, die sich verlaufen hatten. Und er selbst war unter uns wie einer, der bedient (vgl. Lk 22,27)! Aber in unserer Freundesgruppe gab's aber immer noch die Sehnsucht nach dem ersten Platz.

Und dann haben sie ihn gefangen genommen. Es war am Passahfest. Erst wurde er noch umjubelt, und dann schlug die Stimmung um. Auf einmal hallte es durch die ganze Stadt: „Kreuzige ihn! Kreuzige ihn!" Mir hat es das Herz zerrissen. Sie haben ihn gefoltert und dann mit einer Dornenkrone auf dem Kopf zur Schau gestellt. Es war schrecklich. Er litt unsäglich. Aber er blieb sich treu. Er liebte bis zur Vollendung. Und auch ich bin treu geblieben. Ich bin mitgegangen, auch als er das Kreuz auf den Hügel außerhalb der heiligen Stadt Jerusalem schleppte und dort angenagelt wurde. Wie ein Schwerverbrecher! Ich blieb – mit seiner Mutter Maria und einigen Freundinnen und Johannes – bei ihm (vgl. Joh 19,25). Denn er hatte mich gelehrt: Liebe bleibt!

Und dann starb er – mit einem Schrei, den ich heute noch höre. Es war der Schrei einer Liebe, die bis ans Ende geht. Und irgendwie – in aller Dunkelheit und in allen Zweifeln – blieb mir diese Liebe – auch nach seinem Tod.

Ich „musste“ so schnell wie möglich, gleich am Morgen des ersten Tags der Woche, wieder zum Grab gehen (vgl. Joh 20,11-18)! Und dann der Schock: Der Stein vor dem Grab war weggerollt. Und sein Leichnam war weg. Sollte mir auch das noch zugemutet werden, keinen Ort mehr zu haben, wo ich meine Liebe betrauern konnte? – Und dann war da plötzlich jemand; ich habe ihn erst gar nicht erkannt. So sehr hatte die Erfahrung des Todes ihn verändert. Er war da. Auf einmal hörte ich seine Stimme. Ich hörte meinen Namen: „Maria!“

Er war da! Anders als vorher, aber er war es! Mit all seiner Liebe! Unfassbar! Ich versuchte seine Füße zu umfassen, versuchte zu begreifen, was nicht greifbar war. So wie das Grab geöffnet war, öffnete diese Begegnung mein Herz – und weitete es für die ganze Welt. Er ließ mich verstehen, ich solle ihn nicht festhalten, sondern diese Botschaft des Lebens zu den Seinen bringen und dann in die ganze Welt hinein – auch zu dir.

Und so musste ich diesen Brief an dich schreiben, du Freund, du Freundin dieses Augenblicks. Er hat mich befreit von Oberflächlichkeit, Anhänglichkeit, Süchten und Besessenheit. Es war die Liebe, die nichts anderes wollte, als mir ins Leben zu helfen – mit ihm und miteinander.

Und diese Liebe, du lieber Freund, du liebe Freundin, gilt auch dir!

Ich kann nur sagen: Es lohnt sich, dich aufzumachen, diese Liebe zu entdecken, ihn in dein Leben einzulassen – und alles zu tun, damit er im Boot bei euch bleibt. Ich weiß es, weil ich es selbst erlebt habe: Die Liebe verändert alles!

Ach, ich hab ja ganz vergessen, dir seinen Namen zu nennen.

Es ist Jesus – „Jehoshua", das heißt: Gott rettet. Auch dich, weil er dich unendlich liebt!

Deine Maria Magdalena

KAPITEL 5

Ideen für einen gelingenden Tagesablauf

Am Morgen

- Wenn du aufwachst, nimm dir ein wenig Zeit.
- Leg den Tag mit dem Morgengebet in die Hand Gottes und gehe in Stille die Leitgedanken (s. u.) durch.
- Lies das Tages-Evangelium.*
- Halt einen Augenblick Stille und lass dich von den Worten Jesu ansprechen.
- Starte mit einem Motto in den Tag.

Leitgedanken im Blick auf den heutigen Tag

- Worauf freue ich mich heute?
- Welche Entscheidungen stehen heute an?
- Welchen Menschen werde ich heute begegnen?
- Worauf schaue ich mit Sorge?
- Wen möchte ich heute Morgen schon in meinem Gebet segnen?

* Du findest das Tages-Evangelium und das Tagesmotto in der App go4peace.

Morgengebet

Jesus,
ich grüße dich an diesem Morgen.
Ich danke dir für den neuen Tag!
Du liebst mich unendlich und willst mir auch heute nahe sein.
Du lädst mich ein, heute deinem Wort in meinem Leben zu folgen.
Am Beginn dieses Tages denke ich an all die Menschen,
denen ich heute begegnen werde.
Ich vertraue sie dir an.
Sei heute bei mir!
Erleuchte mein Herz und lass mich lieben,
wie du geliebt hast.
Amen.

Im Tagesverlauf

- ◊ Schick immer wieder ein „Blitz-Gebet" zu Gott.
- ◊ Ruf dir dann und wann das Tagesmotto ins Gedächtnis!
- ◊ Nutze kurze Augenblicke der Stille, um dein Herz zu fragen:
  Wie geht es dir – gerade jetzt?
- ◊ Wenn du Freund*innen begegnest,
  nutze die Augenblicke zum Austausch!

Blitz-Gebete im Laufe des Tages

Ihren Ursprung haben diese ganz kurzen Gebete („Stoßgebete") bereits in der Bibel. Der Apostel Paulus fordert uns auf: „Betet ohne Unterlass!" (1 Thess 5,17). Das typische Stoßgebet, wie wir es heute kennen, geht auf die ägyptischen Wüstenväter zurück, die sehr kurze und kraftvolle Gebete formulierten, um auf diese Weise wachsam im Gebet zu bleiben. Diese Praxis griff der heilige Augustinus in einem Brief auf und berichtet von Gebeten, die wie Pfeile sind. Es sei wichtig, auch außerhalb von festen Gebetszeiten die Sehnsucht nach Gott wachzuhalten.

Wenn du magst, wähle dir ein oder zwei solcher „Pfeile" und schick sie während des Tages immer wieder mal zum Himmel.

Vorschläge für ein Blitz-Gebet

- Sende aus deinen Geist und das Antlitz der Erde wird neu!
- Jesus, hilf mir!
- Jesus, Sohn Davids, erbarme dich meiner!
- Guter Gott, steh mir bei!
- Danke für diesen schönen Augenblick, Jesus!
- Jesus, zeige mir den rechten Weg!
- Gelobt seist du, Jesus Christus, in Ewigkeit!
- Komm, Heiliger Geist!
- Herr, dein Wille geschehe!
- Aus der Tiefe rufe ich, Herr, zu dir, Herr, höre meine Stimme (Ps 130).
- Herr, segne das bevorstehende Gespräch!
- Jesus, ich vertraue auf dich!
- Für dich, Jesus!

Am Abend

- Nimm dir Zeit.
- Halte Rückschau auf den Tag
  – wenn du magst, mit den unten folgenden Leitgedanken.
- Bete das Abendgebet und gib den Tag zurück in Gottes Hände.

Leitgedanken für den Rückblick auf den Tag

- Worüber habe ich mich gefreut? Wofür kann ich dankbar sein?
- Wie ging es mir mit heutigen Entscheidungen?
- Wie waren heute die Begegnungen mit anderen?
- Welche Erfahrungen hat mir das Leben mit dem Wort des Evangeliums (Tagesmotto) heute geschenkt? Konnte ich etwas davon mit anderen teilen?
- Was ist mir heute schwergefallen?
- Gab es Augenblicke, in denen ich die Nähe Gottes besonders gespürt habe?
- Gibt es etwas, was ich mir für morgen vornehme?

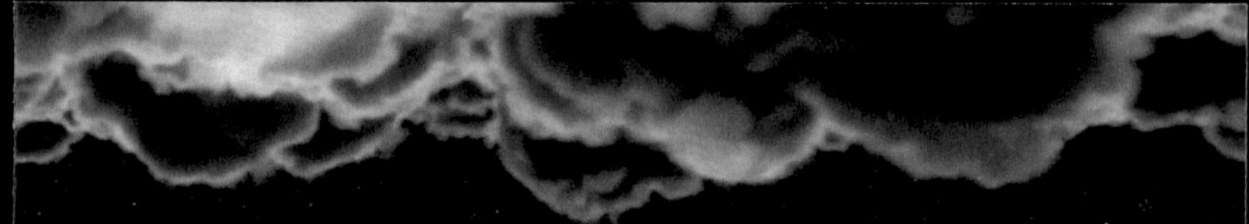

Abendgebet

Jesus,
ein langer Tag geht zu Ende.
Ich komme zu dir.
Ich bringe dir all die Menschen, denen ich begegnet bin,
ihre Freuden, ihre Fragen und ihre Not.
Ich bringe dir alles, was ich heute getan habe,
auch alles Leid und alle Schmerzen, die ich heute erfahren habe.
Ich weiß, in all dem wolltest du mir begegnen.
Alle Liebe, die ich heute schenken konnte,
nimm an und mach sie für dein Reich fruchtbar.
Jesus, für die kommende Nacht bitte ich dich, mich zu beschützen.
Lass mich ruhig schlafen und nimm alle Sorgen von mir.
Lass mich morgen vertrauensvoll aufwachen.
Ich weiß: Du bist bei mir.
Amen.

Segne alle,
mit denen ich verbunden bin,
und segne auch mich.

Im Namen des Vaters
und des Sohnes
und des Heiligen Geistes.
Amen.

Himmlische Brückenschläge …

… zum Vater

Vater unser im Himmel,
geheiligt werde dein Name.
Dein Reich komme.
Dein Wille geschehe,
wie im Himmel, so auf Erden.
Unser tägliches Brot gib uns heute.
Und vergib uns unsere Schuld,
wie auch wir vergeben unseren Schuldigern.
Und führe uns nicht in Versuchung,
sondern erlöse uns von dem Bösen.

Denn dein ist das Reich und die Kraft
und die Herrlichkeit in Ewigkeit.
Amen.

… zum Sohn

Sei gepriesen, Herr Jesus Christus,
Sohn des lebendigen Gottes.
Du bist der Erlöser der Welt,
unser Herr und Heiland.
Komm, Herr Jesus, und steh uns bei,
dass wir alle Zeit mit dir leben
und in das Reich deines Vaters gelangen.
Amen.

... zum Heiligen Geist

Komm herab, o Heil'ger Geist,
der die finstre Nacht zerreißt,
strahle Licht in diese Welt.

Komm, der alle Armen liebt,
komm, der gute Gaben gibt,
komm, der jedes Herz erhellt.

Höchster Tröster in der Zeit,
Gast, der Herz und Sinn erfreut,
köstlich Labsal in der Not.

In der Unrast schenkst du Ruh,
hauchst in Hitze Kühlung zu,
spendest Trost in Leid und Tod.

Komm, o du glückselig Licht,
fülle Herz und Angesicht,
dring bis auf der Seele Grund.

Ohne dein lebendig Wehn
kann im Menschen nichts bestehn,
kann nichts heil sein noch gesund.

Was befleckt ist, wasche rein,
Dürrem gieße Leben ein,
heile du, wo Krankheit quält.

Wärme du, was kalt und hart,
löse, was in sich erstarrt,
lenke, was den Weg verfehlt.

Gib dem Volk, das dir vertraut,
das auf deine Hilfe baut,
deine Gaben zum Geleit.

Lass es in der Zeit bestehn,
deines Heils Vollendung sehn
und der Freuden Ewigkeit.

Amen. Halleluja.

Vgl. Gotteslob, Nr. 344

Ich entschloss mich zu beten … Ich habe das an diesem Tag und an vielen anderen Tagen gemacht, ohne auf die Uhr zu schauen. Seitdem habe ich lesend und nachdenkend Gott gefunden. Aber indem ich betete, habe ich geglaubt, dass Gott mich gefunden hat und dass er lebendige Wahrheit ist und dass man ihn lieben kann, wie man eine Person liebt.

Madeleine Delbrêl,
Deine Augen in unseren Augen, München 2022, S. 36

Jesus, du Wort des Vaters,
durch dich ist alles geworden,
in dir findet alles sein Ziel.

Du hast mir mein Leben anvertraut,
dich zu suchen und zu finden
und auf diesem Weg glücklich zu werden.

Du kommst auf mich zu in jedem deiner Worte
und in jedem Menschen, dem ich begegne.
Wir alle sind Brüder und Schwestern in der Einen Menschheit.

Lass mich verstehen,
wie du heute zu mir sprichst
in deinem Wort und in denen, die mir Nächste sein werden.

Lass mich ein Bote deiner Liebe sein,
heute, immer neu, bis in Ewigkeit.
Amen.

Danke

Danken möchte ich meiner Mutter, die gemeinsam mit unserem Vater meine Geschwister und mich zu glauben und zu leben gelehrt hat. Danken möchte ich weiterhin allen, die sich mit viel Zeit, Liebe und Engagement dafür eingebracht haben, dass dieses Buch im neuen Layout entstehen konnte: Martin Reinert, der die Texte gegengelesen hat, Victoria Schaetzle, die sich bei den Audio-Aufnahmen engagiert hat, Bernhard Nake und Heinrich Oest, die den Entwicklungsprozess dieses Buches geduldig mitgegangen sind, Berislav Župarić, der das gesamte Buch mit seinen Ideen bereichert und gelayoutet hat. Mein Dank gilt weiter Stefan Liesenfeld und Frank Schmelzer vom Verlag Neue Stadt für ihre kompetente Begleitung und der Erzdiözese Paderborn, die den Druck dieses Logbuches 2 unterstützt hat.

Das Leben mit „Jesus im Boot" war, so scheint mir, das Geheimnis auch bei der Entstehung dieses zweiten Logbuches. Möge es jungen Sinnsuchenden helfen, der Sehnsucht Gottes, verborgen bei uns Menschen zu sein, auf die Spur zu kommen, ihr treu zu bleiben und dadurch „Leben in Fülle" zu finden.

Meinolf Wacker

Mit Jesus im Boot –
Onlinekurs für junge Seefahrer*innen

Hast du Lust, die im Kapitel 2 vorgestellten fünf Tools für ein gutes Miteinander im Geiste Jesu zu vertiefen und sie konkret auszuprobieren? Dazu dient der Online-Kurs „Mit Jesus im Boot". In diesem Kurs wirst du mit deinen Freund*innen eingeladen, wie Petrus auf reichen Fischfang zu gehen.

Sechs PowerPoint-Präsentationen bieten ein abwechslungsreiches Programm, um miteinander über die jeweiligen Tools ins Gespräch zu kommen und sie zu üben. Ihr könnt den Kurs digital in einer Videokonferenz oder analog bei euch vor Ort absolvieren.

Ein Blick in den Online-Kurs

Schaue dir auf der Webseite www.go4peace.eu/bootsfuehrerschein die einleitende PowerPoint-Präsentation an.

Info PPT

Such dir zwei bis drei Freund*innen, die Interesse haben, diesen Kurs mit dir zu machen. Registriere deine Bootscrew (keine Einzelanmeldung erforderlich!).

Meeting 1

Meeting 2

Meeting 3

Meeting 4

Meeting 5

Meeting 6

Über den Autor

Meinolf Wacker, langjähriger Jugendpfarrer des Erzbistums Paderborn und Rektor des Jugendhauses Hardehausen, bringt in diesem Buch Impulse für Jugendliche, die in vielfältigsten Begegnungen mit ihnen gereift sind. Er begleitete junge Menschen auf 20 lokalen und internationalen Weltjugendtagen. Er initiierte den bosnischen Friedensweg „Hände für den Frieden", an dem über 2000 Jugendliche unterschiedlichster Weltanschauungen aus 19 Nationen an Aufbau- und Begegnungscamps teilgenommen haben. Aus diesem Engagement entstand das Jugendzentrum Ivan Pavao II., sowie mehrere Jugendinitiativen in verschiedenen Ländern Europas. Meinolf Wacker leitet das Netzwerk *go4peace* und das Projekt *navi4life*. In Zusammenarbeit mit jungen Menschen koordiniert er vielfältige soziale Aktivitäten.